W9-BQU-024

WITHDRAWN

# Béisbol

Julie Murray

Abdo

DEPORTES: GUÍA PRÁCTICA

Kids

**abdopublishing.com**

Published by Abdo Kids, a division of ABDO, PO Box 398166, Minneapolis, Minnesota 55439.
Copyright © 2019 by Abdo Consulting Group, Inc. International copyrights reserved in all countries.
No part of this book may be reproduced in any form without written permission from the publisher.

Printed in the United States of America, North Mankato, Minnesota.

052018

092018

 THIS BOOK CONTAINS
RECYCLED MATERIALS

Spanish Translators: Telma Frumholtz, Maria Puchol

Photo Credits: Alamy, Getty Images, Glow Images, iStock, Shutterstock

Production Contributors: Teddy Borth, Jennie Forsberg, Grace Hansen

Design Contributors: Christina Doffing, Candice Keimig, Dorothy Toth


Library of Congress Control Number: 2018931615

Publisher's Cataloging-in-Publication Data


Names: Murray, Julie, author.

Title: Béisbol / by Julie Murray.

Other title: Baseball. Spanish

Description: Minneapolis, Minnesota : Abdo Kids, 2019. | Series: Deportes: guía práctica |
    Includes online resources and index.

Identifiers: ISBN 9781532180224 (lib.bdg.) | ISBN 9781532181085 (ebook)

Subjects: LCSH: Baseball--United States--History--Juvenile literature. | Baseball--Miscellanea--
    Juvenile literature. | Baseball for children--Juvenile literature. | Spanish language
    materials--Juvenile literature.

Classification: DDC 796.357--dc23

# Contenido

# Béisbol

¡A Sam le encanta el béisbol!

Está listo para jugar.

bate de béisbol

casco

camiseta

guante de bateo

5

El béisbol se juega con 9 jugadores en un campo.

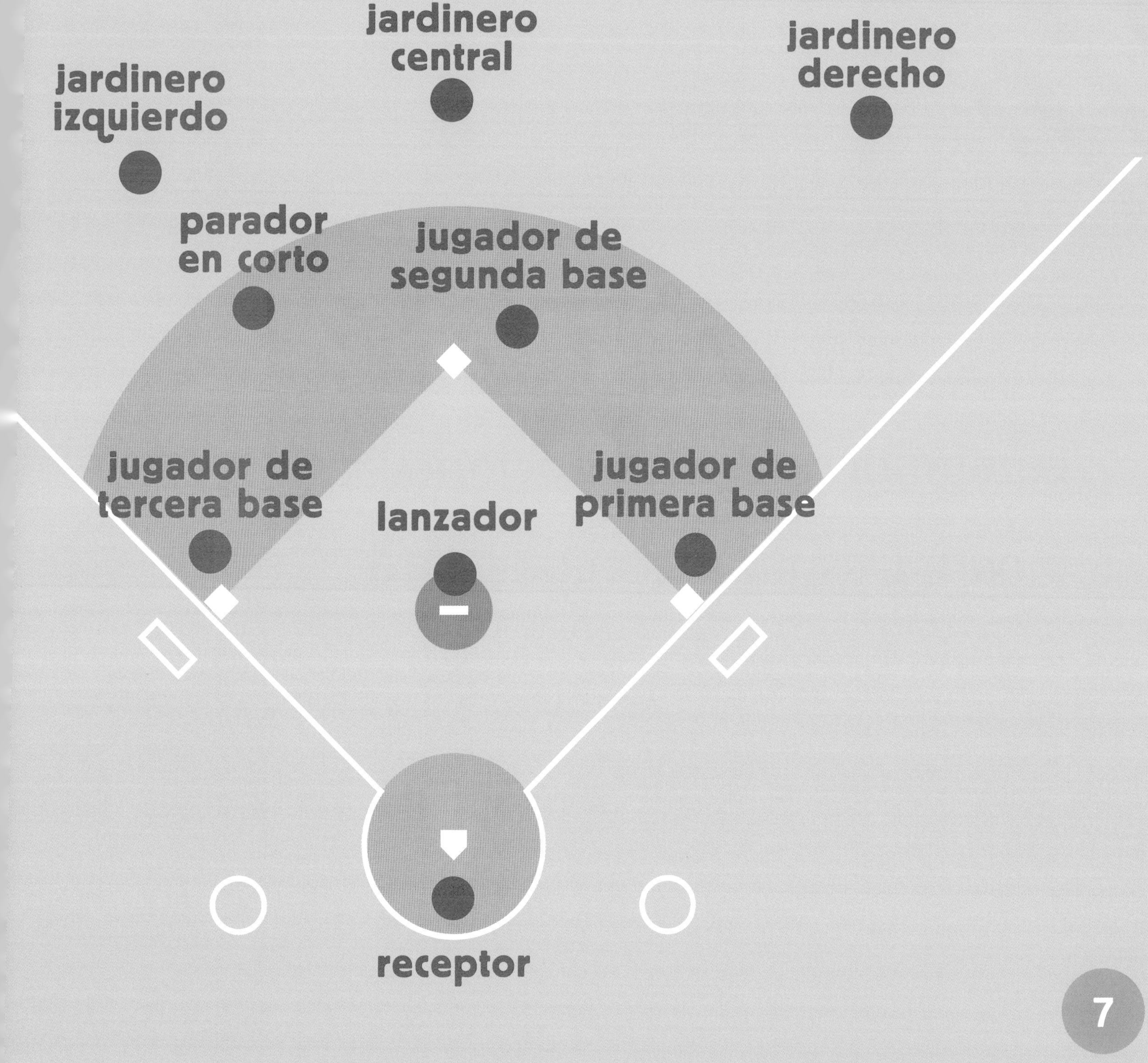

jardinero
central

jardinero
derecho

jardinero
izquierdo

parador
en corto

jugador de
segunda base

jugador de
tercera base

lanzador

jugador de
primera base

receptor

7

El juego tiene 9 *innings*. Cada equipo tiene 3 eliminaciones o *outs*. Después le toca al otro equipo batear.

El lanzador lanza la pelota. El bateador intenta golpearla.

Con 3 *strikes* y Tim estará eliminado. Con 4 **bolas malas** consigue la primera base.

Brad es el receptor. Lleva equipo especial que lo protege.

Kay golpea la pelota y corre a la primera base.

Todd juega en el exterior.

Atrapa la pelota con su guante.

¡Han eliminado al bateador!

Daniel golpea la pelota por encima de la valla. ¡Carrera!

# Vocabulario de béisbol

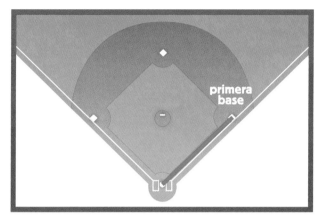

sencillo

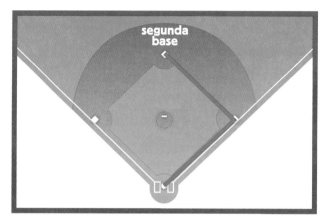

doble

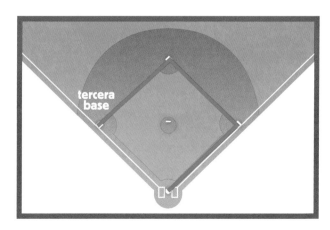

triple

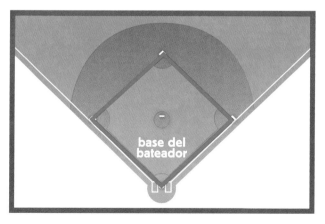

carrera o homerun

# Glosario

zona de *strike*

zona de bola mala

zona de bola mala

## bola mala o bola

pelota lanzada fuera de la zona de strike y sin que el bateador la golpee.

## strike

pelota lanzada que el bateador intenta golpear pero falla.

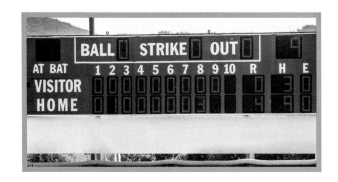

## inning

periodo de un juego en el que cada equipo tiene la oportunidad de anotar carreras hasta que eliminan a tres de sus jugadores.

# Índice

**Abdo Kids**
ONLINE
FREE! ONLINE MULTIMEDIA RESOURCES

¡Visita nuestra página **abdokids.com** y usa este código para tener acceso a juegos, manualidades, videos y mucho más!

**Código Abdo Kids:**
# SBK4114

WITHDRAWN